CONSULTATION

POUR LES PROPRIÉTAIRES

DU JOURNAL LA *PRESSE*

FAITS.

Le 25 juin, à trois heures, un commissaire de police se présenta dans les bureaux de la *Presse* porteur de l'ordre suivant :

« Le chef du pouvoir exécutif,

» En vertu du décret de l'Assemblée nationale qui met la ville de Paris en état de siége,

» Arrête :

» Le préfet de police, et tout agent de la force publique, sur le vu du présent arrêté, fera arrêter le citoyen Émile de Girardin et SUPPRIMER le journal la *Presse*.

» Le préfet de police fera immédiatement saisir toutes les feuilles publiques qui, par leurs publications hostiles, prolongent la lutte qui ensanglante la capitale et compromettent le salut de la République.

» Paris, 25 juin 1848.

» E. CAVAIGNAC. »

L'agent de l'autorité porteur de cet ordre apposa les scellés sur le matériel d'imprimerie servant à l'impression du journal la *Presse* et conduisit

1

1848

— 2 —

M. de Girardin dans la prison de la Conciergerie, où il fut enfermé sans écrou préalable, aucun mandat de justice n'ayant été délivré contre lui.

Le 5 juillet un ordre de l'un de MM. les rapporteurs près les conseils de guerre de Paris lui ouvrit les portes de la prison, sans qu'aucune décision de justice ait ordonné son élargissement, sans qu'il ait eu à se défendre d'aucune accusation portée contre lui soit devant la juridiction ordinaire, soit devant la juridiction militaire.

Il était entré à la Conciergerie sans avoir été accusé, il en est sorti sans avoir été jugé.

Aujourd'hui les scellés administratifs, apposés sur l'imprimerie du journal la *Presse*, subsistent encore et constituent, depuis le 25 juin dernier, un obstacle matériel à la publication du journal.

Les termes de l'arrêté ci-dessus rapporté du chef du pouvoir exécutif constituent un obstacle d'une autre nature. Cet arrêté ordonne en effet la *suppression* du journal la *Presse*. Soit que le mot *supprimer* signifie, dans la pensée du chef du pouvoir exécutif, que les propriétaires de la *Presse* sont privés d'une manière irrévocable, à tout jamais, du droit de publier leur journal; soit que, contrairement au sens grammatical du mot *supprimer*, le chef du pouvoir exécutif ait entendu seulement prononcer une suspension temporaire dont il se réserve de faire cesser les effets quand il le jugera à propos, quand il le trouvera bon, il est évident que dans l'un et l'autre cas les conséquences de l'acte du 25 juin sont les mêmes. Entre un journal *supprimé* et un journal indéfiniment *suspendu*, qui ne pourra reparaître qu'avec l'autorisation et sous le bon plaisir du gouvernement, à une époque indé-terminée, à un jour qui pourra se faire longtemps attendre, la différence est difficile à saisir. Dans les deux hypothèses la liberté d'écrire est ravie et la propriété du journal est confisquée.

Les propriétaires de *la Presse* demandent aux membres du barreau :

Si la mesure qui les frappe dans leur droit et leur liberté d'écrire, et dans leur propriété, s'appuie sur les principes du droit public ou privé.

DISCUSSION.

En temps ordinaire, sous l'empire des lois qui, depuis 1828, assurent la liberté d'écrire; sous la protection des principes sacrés qui, depuis l'origine des sociétés, ont, dans tous les temps et dans tous les pays, assuré l'inviolabilité des propriétés privées, il serait facile de résoudre la question ci-dessus posée. La réponse à cette question se trouverait dans toutes les constitutions que la France a successivement essayées depuis 1789, dans toutes les lois sur la *presse*, même dans les lois qui remontent aux plus mauvais jours de la Restauration, enfin dans des principes universellement reconnus et acceptés par toutes les opinions politiques. Il serait superflu de rappeler ces principes, d'après lesquels l'acte qui a supprimé le journal *la Presse* devrait être incontestablement considéré comme une atteinte à la liberté de la presse et à une propriété privée.

Mais la mesure dont il s'agit a été prise au milieu de circonstances extraordinaires, d'événements graves, en vue du péril auquel la chose publique était exposée, en vertu de pouvoirs exceptionnels conférés au signataire de l'arrêté du 25 juin. Il importe de rechercher si cet arrêté, contraire à tous les principes du droit public et privé en temps ordinaire, trouve sa légitimation ou son excuse dans les circonstances qui l'ont fait rendre, ou dans les pouvoirs dont il émane.

A l'appui de la mesure administrative qui ordonne la suppression du journal *la Presse*, on ne pourrait invoquer que les motifs suivants :

1° Il y avait, dira-t-on, nécessité, dans l'intérêt public, pour mettre fin à la lutte qui ensanglantait la capitale, d'empêcher le journal de paraître ;

2° Les pouvoirs illimités appartenant au chef du pouvoir exécutif l'autorisaient à recourir à une mesure qui n'était pas dans la loi, qui était même contraire à la loi ;

3° La mise en état de siége de Paris est la base légale de l'arrêté du 25

— 4 —

juin. Cette mise en état de siége donnait au chef du pouvoir exécutif le droit d'agir comme il a jugé à propos d'agir.

Il est à remarquer que de ces trois motifs le dernier seul a été jusqu'à présent invoqué à l'appui de l'arrêté du 25 juin, qui porte, en effet, dans son préambule ces mots : « *En vertu du décret de l'Assemblée nationale qui* » *met la ville de Paris en état de siége.* » — Toutefois, comme nous pouvons supposer que les deux autres motifs sont sous-entendus dans l'arrêté et qu'ils ne manqueront pas d'être rétrospectivement invoqués à l'appui de la mesure dont il s'agit, nous examinerons successivement les trois motifs qui seuls, comme nous l'avons dit, pourraient être allégués comme justifiant en tout ou en partie l'arrêté du 25 juin.

§ 1er. *La nécessité peut-elle être considérée comme ayant donné au chef du pouvoir exécutif le droit de supprimer la Presse dans un intérêt de salut public ?*

Il n'appartient point au Conseil soussigné de rechercher, par l'examen des articles publiés dans *la Presse*, si le but, l'intention, le sens de ces articles étaient de nature à exciter ou à prolonger le combat. Les propriétaires du journal s'expliqueront à cet égard, lorsque des reproches leur seront adressés ou qu'une accusation sera formulée de ce chef contre le gérant. Constatons seulement qu'aucune publication ou communication officielle n'a jusqu'ici énoncé ou donné à entendre que la mesure extraordinaire dont la *Presse* a été l'objet ait été motivée par la nécessité impérieuse de mettre fin à l'insurrection. L'élargissement de M. de Girardin, sans qu'il ait été jugé, sans qu'il soit en ce moment sous la menace d'aucune poursuite, semble d'ailleurs établir qu'aucun article condamnable n'a paru dans le journal ni avant ni pendant la déplorable bataille qui a duré quatre jours.

Admettons toutefois que le chef du pouvoir exécutif ait, à tort ou à raison, considéré la publication de *la Presse* comme présentant des dangers pour la République. — Dans ce cas, pouvait-il *supprimer* le journal?

Aucune loi n'autorisait une pareille mesure, aucun précédent ne la justifiait. La nécessité pouvait l'expliquer, l'intérêt public l'excuser; mais à la condition qu'elle fût renfermée dans les strictes limites de la nécessité, c'est-

à-dire qu'en aucun cas elle ne fût prolongée au delà du temps pendant le-
quel cette mesure exorbitante, contraire à la loi, pouvait être plus ou moins
justement réputée utile ou nécessaire.

Ainsi, pendant tout le temps que des engagements avaient lieu entre les
insurgés et la garde nationale ou la troupe de ligne, pendant tout le temps
qu'a duré le combat et jusqu'au moment où l'insurrection a été heureusement vaincue par les forces légales du pays, jusqu'au moment où le droit
menacé a repris son empire, le chef du pouvoir exécutif, plus soucieux de
l'intérêt et du droit de tous que de l'intérêt et du droit de quelques-uns, a
pu, sous sa responsabilité et sauf à rendre compte plus tard de cette grave
atteinte portée à la liberté, empêcher un journal de paraître, en arrêtant la
distribution des numéros imprimés et en défendant d'en imprimer d'autres
le lendemain.

Mais lorsque les coups de fusil ont cessé de se faire entendre, lorsque
l'état de guerre a pris fin, lorsque la nécessité par conséquent n'existe plus,
les droits, quels qu'ils soient, du chef du pouvoir exécutif ne peuvent l'autoriser à priver un citoyen de la liberté d'écrire et de sa propriété.

Or c'est là ce qu'a fait l'arrêté du 25 juin. Cet arrêté ne s'est pas borné à
interdire la publication de *la Presse* pendant la lutte, jusqu'à ce que l'insurrection fût vaincue; mais il a supprimé *la Presse* à toujours, d'une manière irrévocable. D'où il suit qu'en vertu d'un pouvoir emprunté à une
nécessité passagère et momentanée, le chef du pouvoir exécutif aurait donné
un ordre qui devrait survivre à cette nécessité et se prolonger, se perpétuer
même après que l'utilité ne pourra plus être censée exister, après que le
pouvoir dont cet ordre émane aura disparu.

Par les raisons qui précèdent, il n'est pas possible d'admettre que le chef
du pouvoir exécutif ait conservé le droit d'empêcher *la Presse* de paraître,
aujourd'hui que la nécessité et l'intérêt public ne peuvent plus, moins que
jamais, être allégués avec la moindre apparence de raison et de vérité.

§ 2. M. le général Cavaignac a-t-il été investi de la dictature par l'Assemblée nationale?
— Cette dictature lui aurait-elle donné le droit de *supprimer la Presse?*

M. le général Cavaignac n'a pas été investi de pouvoirs dictatoriaux.

L'Assemblée nationale, par son dééret du 24 juin, lui a délégué tous les pouvoirs exécutifs; mais elle ne lui a pas donné la dictature.

La dictature est la réunion dans les mêmes mains du pouvoir législatif et du pouvoir exécutif. Le dictateur ne reconnaît d'autre loi que sa volonté; il agit sans surveillance et sans contrôle; il est maître et chef suprême; son indépendance et son autorité ne sont gênées par aucune entrave.

Pour montrer que l'Assemblée nationale n'a point, le 23 juin, abdiqué son omnipotence entre les mains de M. le général Cavaignac, il suffit de se reporter aux termes de son décret ainsi conçu :

L'Assemblée nationale a adopté le décret dont la teneur suit :

Art. 1er. L'Assemblée se maintient en permanence.

Art. 2. Paris est mis en état de siége.

Art. 3. Tous les pouvoirs exécutifs sont délégués au général Cavaignac.

Délibéré en séance publique, à Paris, le 24 juin 1848.

Les président et secrétaires,

Signé Senart, Peupin, Robert (des Ardennes), Émile Péan, Edmond Lafayette, Landrin, Bérard.

Ce décret délègue à M. le général Cavaignac *tous les pouvoirs exécutifs* (1),

---

(1) Le projet de décret présenté par M. Pascal Duprat était ainsi conçu :

« *Article unique.* Paris est en état de siége; *tous les pouvoirs sont concentrés* dans les mains du général Cavaignac. »

Cette rédaction, qui semblait impliquer la dictature, a donné lieu à une vive discussion.

M. Dupin (de la Nièvre) : « L'Assemblée n'entend pas déférer une dictature; elle n'entend pas se désister de ses droits; elle n'entend déléguer que le pouvoir exécutif. » (Aux voix ! aux voix !)

M. Larabit : « J'approuve avec empressement la délégation. (Bruit. — Cris de toutes parts : Attention.) Citoyens, je m'oppose à l'état de siége (Réclamations), je m'oppose à la dictature; les lois suffisent avec la force armée pour rétablir l'ordre dans la cité ; oui, l'énergie et le dévouement du général Cavaignac, le dévouement de la garde nationale et des troupes suffisent pour sauver la République; nous n'avons pas besoin de suspendre les lois; déléguons toute notre confiance au général Cavaignac; mais je m'oppose à l'état de siége. (Aux voix! aux voix !) »

c'est-à-dire que l'Assemblée nationale l'investit de tous les pouvoirs nécessaires pour l'exécution de la loi ; mais elle ne lui donne pas le pouvoir de
se mettre au-dessus de la loi. Il est chargé d'exécuter la loi, ce qui ne veut
pas dire qu'il est autorisé à la violer, à la suspendre, à la supprimer. La loi
continue d'exister pour lui aussi bien que pour les autres citoyens ; il doit
l'exécuter lui-même, puisqu'il est chargé de la faire exécuter par tous.

La réunion de tous les pouvoirs exécutifs entre les mains de M. le général
Cavaignac ne lui donnait donc pas le droit de faire autre chose que ce qu'un
pouvoir exécutif, régulièrement issu d'une constitution, aurait eu le droit
de faire.

Or le pouvoir exécutif, quelles que puissent être l'étendue de ses attributions, la liberté et l'indépendance de son action, n'a jamais eu et n'aura
jamais le droit de se mettre au-dessus ou à côté de la loi. Le pouvoir exécutif n'a jamais eu et n'aura jamais le droit de faire ce que la loi défend ou
même ce qu'elle ne permet pas.

En supposant donc que le décret du 24 juin ait conféré à M. le général
Cavaignac des droits égaux à ceux que les anciens rois tenaient de la Charte
de 1814 et de celle de 1830, ces droits n'iraient pas jusqu'à l'autoriser à
supprimer un journal sans jugement, de sa seule autorité ; car ce droit n'est
écrit nulle part dans la loi. Ce droit n'a jamais appartenu au pouvoir exécutif, et on peut affirmer qu'aucune constitution ne le lui donnera jamais.

En l'état actuel de la législation, le droit de *supprimer* un journal n'appartient à aucune autorité, à aucun tribunal. Le crime le plus attentatoire à

Un membre : Allez donc voir ce qui se passe dans la rue.

M. Pascal Duprat : « On me fait remarquer que ma proposition aliène les droits de
l'Assemblée ; ce n'est pas moi qui aurais jamais pu commettre une pareille erreur. Il est
bien entendu que l'Assemblée nationale ne perd rien de ses droits et de sa souveraineté.
(Bruit.)

» Il est bien entendu qu'il ne s'agit ici que des pouvoirs exécutifs, et que, lors même
que tous ces pouvoirs seront remis entre les mains du général Cavaignac, nous siégerons
ici dans la majesté de notre souveraineté. Je demande donc qu'on ajoute, pour répondre à
ces scrupules, le mot *exécutifs, pouvoirs exécutifs.* »

la sûreté du pays, commis par la voie d'un journal, n'autoriserait pas le juge chargé de la répression à ordonner la suppression de ce journal. Les lois de septembre elles-mêmes, que le gouvernement provisoire s'est empressé d'abroger comme contraires au principe républicain, n'autorisent pas la *suppression*, mais permettent seulement la *suspension* pour un temps qui ne peut excéder quatre mois, lorsque le gérant, en état de récidive, est condamné pour *crime*.

Si la loi ne donne à aucune autorité, dans aucun cas, le droit de supprimer un journal, il est démontré que le pouvoir exécutif, quels que soient sa dénomination et son mode d'action, ne saurait avoir un droit que la loi n'a pas établi et qui serait la négation de l'une de nos plus précieuses libertés.

L'acte qui *supprime la Presse* ne pourrait donc avoir d'efficacité que dans le cas où M. le général Cavaignac, investi de la dictature, aurait été, du consentement de l'Assemblée nationale, placé au-dessus de la loi. Mais, dans ce cas même, les effets de cet acte auraient cessé le jour où la dictature aurait elle-même pris fin. Les propriétaires de *la Presse* seraient rentrés dans leur droit au moment où l'autorité exceptionnelle qui leur imposait sa volonté, et les privait d'un droit reconnu et sanctionné par la loi, aurait disparu pour rendre aux citoyens la protection et les garanties des lois encore en vigueur.

Or, si M. le général Cavaignac eût été dictateur, il ne l'aurait été que du 24 au 28 juin. Il aurait cessé de l'être lorsque, dans la séance du 28, il a déposé les pouvoirs extraordinaires qu'il tenait de l'Assemblée, pour devenir président du conseil des ministres chargé du pouvoir exécutif. A ce moment, la loi ayant repris son empire, l'acte du 25 juin aurait perdu toute la force que dans l'origine il aurait pu avoir.

§ 3. **Est-il vrai que la législation spéciale sur l'état de siége, en privant les citoyens de tous leurs droits et de toutes leurs garanties, permette au chef du pouvoir exécutif de supprimer un journal?**

Les conséquences de la mise en état de siège d'une ville sont en général peu connues. L'opinion publique les exagère singulièrement et paraît disposée à croire que la concentration momentanée de tous les pouvoirs dans les mains de l'autorité militaire a pour résultat nécessaire de donner à cette autorité une liberté illimitée d'action, une omnipotence qui, dans l'état de notre législation et de nos mœurs, ne peut, même accidentellement, appartenir à personne.

En examinant la législation spéciale sur l'état de siége, en rapportant la manière dont cette législation a été interprétée sous l'Empire, la Restauration et le gouvernement de Juillet, nous démontrerons que la mise en état de siége d'une ville n'a pas pour effet de priver les habitants de tous leurs droits, ni de donner par conséquent au commandant d'armes le pouvoir de se mettre au-dessus de toutes les lois.

La loi du 8 juillet 1791 porte dans son article 5 : « Les places de guerre » et postes militaires seront considérés sous trois rapports, savoir : dans » *l'état de paix,* dans *l'état de siége* et dans *l'état de guerre.*»

Après avoir établi (art. 6) que dans les places en *état de paix* la police intérieure et tous autres actes du pouvoir civil n'émaneront que des magistrats et autres officiers civils, cette même loi dispose (art. 7) :

« Dans les places de guerre et postes militaires, lorsque ces places et postes seront en *état de guerre,* les officiers civils ne cesseront pas d'être chargés de l'ordre et de la police intérieure; mais *ils pourront être requis par le commandant militaire de se prêter aux mesures d'ordre et de police qui intéresseront la sûreté de la place.* En conséquence, pour assurer la responsabilité respective des officiers civils et des agents militaires, les délibérations du conseil de guerre, en vertu desquelles les réquisitions du commandant militaire auront été faites, seront transmises et resteront à la municipalité. »

Aux termes des articles 8 et 9 de cette même loi du 8 juillet 1791, l'*état de guerre* doit être déterminé par un décret du Corps législatif; ou par une proclamation du roi, dans le cas où le Corps législatif n'est pas assemblé. Cette proclamation doit être ultérieurement soumise au Corps législatif, qui la valide ou l'infirme.

L'article 10 détermine en ces termes les conséquences de l'état de siége :

Art. 10. Dans les places de guerre et postes militaires, lorsque ces places et postes seront en *état de siége*, toute l'autorité *dont les officiers civils seront revêtus par la Constitution* pour le maintien de l'ordre et de la police intérieure, passera au commandant militaire, qui l'exercera exclusivement sous sa responsabilité personnelle.

La Constitution de l'an III n'ayant point déterminé expressément les cas ni les formes dans lesquels les villes de l'intérieur pourraient être déclarées en *état de guerre* et en *état de siége*, la loi du 10 fructidor an V y pourvut par les deux articles suivants :

Art. 1er. Le Directoire exécutif ne pourra déclarer en *état de guerre* les communes de l'intérieur de la République qu'après y avoir été autorisé par une loi du Corps législatif.

Art. 2. Les communes de l'intérieur seront en état de siége aussitôt que, par l'effet de leur investissement par des troupes ennemies ou des *rebelles*, les communications du dedans au dehors et du dehors au dedans seront interceptées à la distance de 3,502 mètres (1,800 toises) des fossés ou des murailles ; dans ce cas le Directoire exécutif en préviendra le Corps législatif.

Cette loi fut modifiée, quelques jours après sa promulgation, par celle du 19 fructidor de la même année, qui, en ordonnant la déportation de plusieurs membres du Corps législatif et en prescrivant certaines mesures révolutionnaires, porte dans son article 39 :

Art. 39. Le pouvoir de mettre une commune en état de siége est rendu au Directoire.

Les Constitutions postérieures à celle de l'an III ne s'expliquent pas sur le droit de mettre une ville en état de siége, ni sur les conséquences de l'état de siége. C'est uniquement dans le décret impérial du 24 décembre 1811 qu'il faut aller chercher les dispositions qui déterminent et réglementent les conséquences de cette mesure exceptionnelle.

Ce décret est relatif à l'*organisation* et au *service des états-majors de place*. Dans les articles 50, 51, 52 et 53, il détermine les cas dans lesquels la place doit être considérée en état de *paix*, de *guerre* ou de *siége*. L'état de *guerre* peut résulter d'un décret de l'Empereur, « *lorsque les circonstances obligent de donner plus de force et d'action à la police militaire (art. 52, § 2).*

L'*état de siége* est déterminé « par un décret de l'Empereur, ou par l'investissement, ou par une attaque de vive force, ou par une *sédition intérieure*, » etc., etc.

Voici maintenant, d'après le décret de 1811, les conséquences de l'*état de guerre*.

ART. 92. Dans les places en *état de guerre* la garde nationale et la garde municipale passent sous le commandement du gouverneur ou commandant, et l'autorité civile ne peut *ni rendre aucune ordonnance de police* sans l'avoir concertée avec lui, ni refuser de rendre celles qu'il juge *nécessaires à la sûreté de la place ou à la tranquillité publique*.

Les articles 93, 94 et 95 confèrent au commandant des pouvoirs assez étendus pour les objets suivants :

Approvisionnement de la place en subsistances et matériaux utiles à la défense;

Réquisition des ouvriers charpentiers et autres qui peuvent servir à couper les incendies, et qui, à cet effet, sont formés, sous leurs syndics et quatre maîtres, en compagnies, sections et ateliers;

Exclusion des bouches inutiles, des étrangers et des gens notés par la police civile ou militaire;

Destruction de tout ce qui peut, dans l'intérieur de la place, gêner la circulation de l'artillerie et des troupes; à l'extérieur, de tout ce qui peut offrir quelque couvert à l'ennemi et abréger ses travaux d'approche.

Voilà les seules dispositions qui puissent affecter les personnes, les droits ou les propriétés des habitants d'une ville en *état de guerre*.

Lorsque la ville est en *état de siége*, le gouverneur ou commandant militaire a des droits plus étendus résultant des articles 101, 102, 103 et 104, ainsi conçus :

ART. 101. Dans les places en état de siége l'autorité *dont les magistrats étaient revêtus* pour le maintien de l'ordre et de la police, passe tout entière au commandant d'armes, qui l'exerce, ou leur en délègue telle partie qu'il juge convenable.

ART. 102. Le gouverneur ou commandant exerce cette autorité ou la fait exercer en son

nom et sous sa surveillance, dans les limites que le décret détermine, et si la place est blo-
quée, dans le rayon de l'investissement.

Art. 103. Pour tous les délits dont le gouverneur ou le commandant n'a pas jugé à propos de laisser la connaissance aux tribunaux ordinaires, les fonctions d'officier de police judiciaire sont remplies par un prévôt militaire choisi, autant que possible, parmi les officiers
de gendarmerie ; et *les tribunaux ordinaires* sont *remplacés par les tribunaux
militaires.*

Art. 104. Dans l'état de siége, le gouverneur ou commandant détermine le service des
troupes, de la garde nationale et celui de toutes les autorités civiles et militaires, sans
autre règle que ses instructions secrètes, les mouvements de l'ennemi et les travaux de
l'assiégeant.

Ainsi les conséquences de l'*état de siége* sont :

1° Attribution au chef militaire de toute l'autorité dont les « *officiers civils
» seront revêtus par la Constitution* pour le maintien de l'ordre et de la police
» intérieure. » (Art. 10 de la loi du 8 juillet 1791.) — Exercice par le chef
militaire ou délégation par lui de « l'autorité *dont les magistrats étaient re-
» vêtus* pour le maintien de l'ordre et de la police. » (Art. 101 et 102 du
décret du 24 décembre 1811.)

2° Remplacement facultatif des tribunaux ordinaires par les tribunaux
militaires. (Art. 103 du même décret.)

Ces conséquences sont les seules qu'il soit possible d'induire des lois sur
la matière. L'autorité militaire commande seule dans la place, et, pour faire
respecter ses ordres, pour assurer l'exercice de sa puissance, elle peut
charger les tribunaux militaires de juger des individus et des faits qui,
dans un autre temps, n'appartiendraient pas à la juridiction des conseils
de guerre.

Mais, de cette concentration, dans les mêmes mains, de pouvoirs qui, dans
un temps ordinaire, sont divisés, — de ce déplacement temporaire des juridictions, suit-il nécessairement que toutes les lois sont suspendues, tous les
droits anéantis, toutes les garanties enlevées aux citoyens ; suit-il que la
volonté du commandant militaire soit la seule loi, et que l'attribution qui
lui est conférée par l'art. 104 du décret de 1811, de « déterminer le service

de toutes les autorités civiles et militaires ; » lui donne aussi le pouvoir de prendre des mesures qu'aucune loi n'autorise, qui sont contraires à toutes les lois?

Nous ne pouvons pas l'admettre. Jamais, sous aucun régime, l'état de siége n'a produit de pareilles conséquences. En l'an VII, par un décret du 28 thermidor, les quatre départements en deçà du Rhin furent mis en état de siége; en 1807, par deux décrets du 26 mars, les villes de Brest et d'Anvers furent pareillement mises en état de siége, et les conséquences de la mesure paraissent avoir été uniquement de faire passer dans les mains du chef militaire *la police* des localités déclarées en état de siége. Ce sont les termes mêmes des deux décrets du 26 mars 1807.

En 1832 une ordonnance du 3 juin déclara en état de siége les communes comprises dans les départements de Maine-et-Loire, Vendée, Loire-Inférieure et Deux-Sèvres. Dans le rapport qui précède cette ordonnance, M. de Montalivet, alors ministre de l'intérieur, expose que « cette mesure n'inter-
» rompra en aucune manière le cours naturel des choses dans les départe-
» ments qui y sont soumis pour tout ce qui ne se rapporte pas au complot
» contre-révolutionnaire; ainsi les autorités judiciaires et administratives
» conserveront leurs attributions accoutumées pour tout ce qui est en dehors
» des troubles politiques. »

A cette époque, des circulaires furent adressées par les ministres de la guerre, de l'intérieur, de la justice et de la marine au sujet de l'état de siége. On lit dans ces circulaires :

« Le roi a voulu restreindre aux cas de rébellion les formes exceptionnelles, conservant avec soin *à tous les citoyens étrangers à ce crime les garanties de la loi commune.* »

« Les autorités judiciaires et administratives sont à la disposition de l'autorité militaire pour la découverte des renseignements, les visites domiciliaires, etc. Les douanes, la marine seront utilisées pour que le littoral soit fermé à la fuite des prévenus.

» La mise en état de siége a en outre pour effet le désarmement absolu et immédiat de toutes les communes, » etc.

Dans le rapport qui précède l'ordonnance du 6 juin 1832 rendue pour mettre la ville de Paris en état de siége, M. de Montalivet s'exprime ainsi :

« Ce n'est pas après la répression des troubles par la force armée qu'il est besoin de ras-
surer la population sur la portée de cette mesure ; qu'elle a désirée elle-même trop générale-
ment pour ne pas s'être rendu compte de son véritable caractère. »

« Tel sera pour Paris l'objet et l'effet de l'état de siége : rendre la force publique plus
présente et plus active, sans rien changer du reste, en tout ce qui ne concerne ni les pré-
paratifs, ni l'exécution du complot et de la révolte, à la juridiction ordinaire et à la mar-
che habituelle de l'administration. Pour tout dire, en un mot, c'est la conspiration seule
qu'il s'agit de mettre en état de siége dans Paris. »

Dans une instruction adressée par M. le ministre de la guerre au général
commandant la 1re division militaire, les mêmes principes sont développés.
On y remarque une disposition spéciale qui concerne la presse. Le ministre
explique que, pendant la durée de l'état de siége, les délits de presse seront
justiciables des tribunaux ordinaires; mais les crimes de provocation à la
révolte seront justiciables des conseils de guerre.

Nulle part, dans les documents que nous venons de rappeler, le gouvernement de juillet n'exprime la pensée que l'état de siége autorise aucune
mesure extraordinaire contre les droits, les libertés ou la propriété des
citoyens.

L'état de siége de Paris fut levé le 29 juin 1832. Dans le rapport qui précède l'ordonnance, M. de Montalivet s'exprime ainsi :

« En mettant aujourd'hui un terme à toutes les conséquences de l'état de siége pour la
ville de Paris, le gouvernement éprouve le besoin de rendre hommage à la sagesse et au pa-
triotisme de l'immense population de cette capitale, qui a senti que la mesure adoptée *n'af-
fectait en rien ses droits et ses intérêts, ses libertés ni ses habitudes* et qui, par
sa confiance et son activité, a témoigné hautement qu'elle ne voyait dans les déterminations
du pouvoir qu'une nécessité dont il n'était pas l'auteur et une *garantie des principes
d'ordre* qui ont triomphé, en 1832 comme en 1830, d'une faction contre-révolutionnaire. »

Les conséquences de la mise en état de siége ainsi déterminées et par le
texte des lois que nous avons rapportées et par l'application qui en a été faite
sous les anciens gouvernements, recherchons maintenant si la *suppression*
d'un journal est une de ces mesures qui peuvent être prises, soit par le pou-

voir exécutif, soit par le commandant militaire, dans une ville en état de siége, et si cette *suppression* pourrait même être prononcée par un conseil de guerre en cas de condamnation du gérant pour crime de rébellion.

Pour découvrir dans l'arsenal de la législation française une disposition autorisant le pouvoir exécutif à *supprimer* un journal, il faudrait remonter à l'art. 9 de la loi du 21 octobre 1814, à l'article unique de la loi du 28 février 1817, aux articles 1ᵉʳ et 2ᵉ de la loi du 31 mars 1820 et à l'article 1ᵉʳ de la loi du 17 mars 1822 portant :

«Les journaux ou écrits périodiques ne pourront paraître qu'avec l'autorisation du roi.»

Encore faut-il remarquer que l'article 2 de la loi du 31 mars 1820 et l'article 1ᵉʳ de la loi du 17 mars 1822 déclarent que les journaux alors existants, pour continuer de paraître, n'auront pas besoin d'autorisation; d'où il suit que les lois de censure elles-mêmes n'ont pas cru pouvoir *supprimer* un journal.

Il doit paraître superflu de démontrer qu'aucune des lois postérieures à 1822, qui toutes ont, dans une proportion plus ou moins large, consacré la liberté de la presse, n'ont armé le pouvoir exécutif du droit de *supprimer*, ni même de *suspendre* un journal, dans aucun cas et pour quelque motif que ce puisse être.

Si ce droit n'appartient pas au pouvoir exécutif, peut-il exceptionnellement appartenir au commandant militaire d'une ville en état de siége?

On comprend bien que le commandant militaire ait tous les droits du pouvoir exécutif qui l'a nommé, et dont il relève; mais on ne saurait comprendre qu'il en ait de plus étendus; que le subordonné ait une autorité plus grande que le chef auquel il doit obéir. Si donc le chef du pouvoir exécutif n'a pas le droit de *supprimer* ou de *suspendre* un journal, le commandant militaire ne saurait l'avoir, avec d'autant plus de raison que ce commandant militaire est seulement substitué aux *officiers civils* (loi du 8 juillet 1791), aux *magistrats* (décret du 24 décembre 1811), et qu'aucun officier civil, aucun magistrat n'a reçu d'aucune loi, depuis soixante ans, un pareil pouvoir.

Un conseil de guerre, dans le cas où le gérant serait traduit devant lui, aurait-il le droit d'ordonner la suppression du journal?

Si le gérant de *la Presse* avait fait une fausse déclaration sur le nom des associés en nom collectif, leur part d'intérêt, etc., etc. (art. 11 de la loi du 18 juillet 1828); si le gérant signataire était condamné à l'emprisonnement ou à l'interdiction des droits civils (art. 19 de la loi de septembre 1835); si le cautionnement du journal était frappé d'une saisie-arrêt sans que la mainlevée en fût rapportée dans le délai de quinzaine (art. 15 *de la même loi*), dans ces trois cas le journal *devrait cesser de paraître* (ce sont les termes de la loi), sous pene de un mois à six mois de prison et de 200 fr. à 1,200 fr. d'amende.

Mais il est à remarquer que dans les deux derniers cas le journal peut continuer sa publication, si le gérant condamné à la prison et à l'interdiction des droits civils est remplacé par un gérant qui n'est frappé d'aucune incapacité légale, et si le cautionnement, entamé par une saisie, est complété.

On peut donc dire qu'en aucun cas la loi ne prononce, ou plutôt n'autorise le juge à prononcer la *suppression* d'un journal, si ce n'est dans le cas d'une déclaration fausse et frauduleuse faite à la direction de la librairie; c'est-à-dire lorsque le journal n'a point d'existence légale, lorsqu'il ne peut paraître, sans que son gérant se mette en opposition à la loi.

L'article 15 de la loi du 18 juillet 1828 autorise les tribunaux, en cas de récidive par le même gérant, à prononcer la *suspension* du journal pour un temps qui ne pourra excéder deux mois ni être moindre de dix jours.

L'article 12 des lois de septembre (*abrogées par le gouvernement provisoire comme contraires au principe républicain*) autorise le juge à prononcer une suspension de *quatre mois*, si la seconde condamnation prononcée *pour crime* a eu lieu dans la même année que la première.

Le gérant de *la Presse* ne se trouvant dans aucun des cas prévus par la loi, il en résulte qu'alors même qu'il aurait été traduit devant un conseil do guerre, ce conseil n'aurait pas même pu ordonner la suspension de *la Presse* pendant un délai de dix jours, minimum porté par l'art. 15 de la loi du 18 juillet 1828.

Par tous ces motifs, le Conseil soussigné estime que la *suppression* du journal *la Presse* ou la *suspension* de ce journal pendant un temps indéterminé n'est justifiée ni par une nécessité que le gouvernement n'a pas même invoquée, ni par les prétendus pouvoirs dictatoriaux conférés à M. le général Cavaignac, ni par la nature de ses attributions comme chef du pouvoir exécutif, ni enfin par la législation exceptionnelle sur l'état de siége; et que cette mesure, contraire à toutes les lois sur la presse, n'aurait pas même pu être ordonnée par un jugement émané d'un conseil de guerre ou de toute autre juridiction ordinaire ou extraordinaire.

Délibéré à Paris, le 8 juillet 1848.

A. LABOT,

*Avocat au Conseil d'État et à
la Cour de Cassation.*

ADHÉSIONS.

La suspension prolongée de *la Presse* est une grave atteinte portée tout à la fois à la liberté de la pensée et à la propriété. L'histoire des trente dernières années n'offre pas un seul exemple de cette confiscation d'un grand organe de l'opinion publique. La dernière monarchie vit aussi la guerre civile désoler Paris, embraser une partie de la France; et pourtant elle ne crut point que l'état de siége l'autorisât à supprimer sans jugement les journaux les plus hostiles. Pour rencontrer cet acte d'ostracisme, il faut remonter jusqu'au Directoire. Le pouvoir, qui par son énergie a sauvé la République et la société, aurait gagné à éviter de tels rapprochements. Déjà l'opinion commente cette mesure violente, née de la dictature et de la guerre, et qui survit à l'une et à l'autre. Les hommes graves, qui ne séparent pas la liberté de l'ordre, se demandent comment le bien public exige l'interdiction d'un journal comme *la Presse*, quand le calme règne dans la société. L'opinion ne tarderait pas à aller plus loin, et bientôt elle serait tentée d'assigner à cette persécution des causes moins légitimes que la nécessité et le salut de l'État. Nous n'avons, nous, à examiner qu'une question de légalité.

L'Assemblée nationale a déclaré Paris en état de siége, et délégué tous les pouvoirs exécutifs au ministre de la guerre. Cette sorte de dictature ne pouvait durer plus longtemps que l'état de guerre, et l'honorable général Cavaignac s'est empressé de la déposer lui-même entre les mains de l'Assemblée. L'état de siége a été maintenu. La ville de Paris se trouve donc purement et simplement sous l'empire de l'état de siége ; et toute la question est de savoir si cet état permet au gouvernement de supprimer sans jugement un journal qui a rempli d'ailleurs les conditions de la loi.

La confiscation d'un journal est une chose très-grave, dans un pays où la constitution proclame la liberté de la pensée et la propriété inviolable. Ce n'est pas seulement une opinion qui cesse d'avoir son organe ; c'est un atelier qui se ferme au travail, c'est une propriété qui disparaît. Tous les législateurs de la presse ont compris que la justice elle-même ne devait pas être armée d'une telle puissance. La loi autorise le juge à atteindre la publication du journal dans deux cas seulement. Lorsque le propriétaire a fait une déclaration fausse et frauduleuse, la loi du 18 juillet 1828 veut que le journal cesse de paraître. Le juge peut encore, selon la même loi et celle de 1835, suspendre un journal, pendant quatre mois au maximum, lorsque ce journal a encouru deux condamnations dans la même année. La loi respecte la propriété du journaliste dans toute autre situation.

L'état de siége livre-t-il cette propriété à l'arbitraire de l'autorité militaire? Une loi existe-t-elle qui donne au pouvoir exécutif, avec ces trois mots magiques, *état de siége,* le droit de mettre un journal hors la loi, de le confisquer sans formalité ni jugement? La législation et la jurisprudence répondent négativement.

Trois lois ont réglé l'état de siége : celle de 1791, celle de l'an v, et le décret du 24 décembre 1811. Or, il suffit de parcourir les textes de ces législations, pour montrer qu'aucune d'elles ne confère au pouvoir exécutif cette faculté inconstitutionnelle et exorbitante. L'article 10 de la loi du 8 juillet 1791 ne permet aucun doute. « Dans les places de guerre et » postes militaires, lorsque ces places et postes seront en état de siége, toute l'autorité dont » les officiers civils sont revêtus par la Constitution pour le maintien de l'ordre et de la po- » lice intérieure passe au commandant militaire, qui l'exercera exclusivement sous sa res- » ponsabilité personnelle. »

L'article 104 du décret de 1811 n'est pas moins clair : « Dans les places en état de siége, » l'autorité dont les magistrats étaient revêtus pour le maintien de l'ordre et de la police, » passe tout entière au commandant d'armes, qui l'exerce ou leur en délègue telle partie » qu'il jugera convenable. »

Concentration des pouvoirs dans la main du commandant militaire, juridiction des conseils de guerre substituée en certains cas à la juridiction des tribunaux, voilà tout le régime légal de l'état de siége. Le chef militaire n'est point, comme les anciens dictateurs de Rome, investi de pouvoirs illimités et sans contrôle; il ne dispose arbitrairement ni des propriétés, ni de la liberté, ni de la vie des citoyens; son autorité n'est pas supérieure aux lois; il a les droits qui appartiennent aux magistrats pour le maintien de l'ordre et de la police, rien de plus, rien de moins. Pas plus qu'un magistrat, il n'a donc la faculté de supprimer un journal, sans formalités et sans jugement.

La jurisprudence confirme ces maximes de droit public. La mise en état de siége de la ville de Paris, en 1832, donna naissance à de graves questions. Le gouvernement d'alors prétendit que ce régime suspendait l'empire des lois ordinaires. La Cour suprême, appelée à prononcer, décida solennellement que l'état de siége n'enlève aux citoyens aucun des droits, aucune des garanties que leur confère la Constitution. Le pouvoir se le tint pour dit, et il sanctionna lui-même la jurisprudence de la Cour de cassation, en proposant à la Chambre des Pairs, le 10 décembre 1832, une loi organique de l'état de siége. Le projet, qui d'ailleurs fut retiré, autorisait l'emploi de commissaires extraordinaires, avec pleins pouvoirs d'exil, de saisie et de proscription. Nous demandons maintenant quel est le droit dont la société soit plus jalouse, qu'elle proclame plus inviolable que la liberté de la presse? Si le gouvernement connaît une loi qui permette de briser la plume dans la main du publiciste, sous prétexte que ses écrits *pourront* être dangereux, il est bon de la signaler, car, tant qu'elle existera, la Constitution sera une chimère, et l'abolition de la censure une vaine parole. Jusqu'à ce qu'on ait montré ce texte inconnu, nous persisterons à penser que la suppression du journal *la Presse*, décrétée sous l'empire d'une nécessité plus que contestable, maintenue avec rigueur au sein du calme et de l'ordre, est un abus et une illégalité.

J. LANGLAIS,
Avocat à la Cour d'appel de Paris,
Représentant du Peuple.

J'adhère également à la consultation qui précède.

Plus j'apprécie, comme citoyen, l'immense service que le chef du pouvoir exécutif vient de rendre à la cause de la société et de la civilisation, moins j'hésite, comme jurisconsulte, à lui signaler l'erreur regrettable qui, au point de vue de la légalité, me paraît avoir été commise en son nom par la suppression ou même la simple suspension du journal *la Presse.*

Il ne faut pas confondre la dictature avec l'état de siége.

La dictature, c'est l'arbitraire pur, c'est le pouvoir législatif et le pouvoir exécutif dans la même main, c'est le régime du bon plaisir dans son acception la plus large, sans entraves, sans limites, sans contrôle, ou borné seulement par la responsabilité morale de ses actes.

L'état de siége, c'est le déplacement et la concentration *des pouvoirs légaux,* pour leur assurer une action plus rapide et plus énergique.

Or le décret du 24 juin n'a pas créé de dictature.

L'Assemblée nationale n'a point abdiqué momentanément.

Loin de là, elle s'est déclarée en permanence.

Elle a seulement mis Paris en état de siége, et délégué au général Cavaignac tous les pouvoirs exécutifs.

Mais, apparemment, tous les pouvoirs exécutifs tels qu'ils étaient légalement constitués ;

Et sans rien ôter ou ajouter aux conséquences de l'état de siége, telles que les lois antérieures, et en dernier lieu le décret du 24 décembre 1811, les avaient réglées, étendues et définies.

Ainsi, 1° l'autorité *dont les magistrats étaient revêtus, pour le maintien de l'ordre et de la police,* a passé immédiatement et tout entière au commandant de la force armée. (Art. 101, 102.)

Et en même temps, la poursuite et la répression des délits de toute nature ont passé à la juridiction militaire (103).

Cela étant, il est hors de doute que le commandant d'armes a pu prendre, à l'égard des journaux ou autres écrits, toutes les mesures d'ordre ou de police réservées jusque-là aux magistrats ordinaires, par exemple, pour ce qui concerne l'affichage, la mise en vente, la distribution dans les lieux publics, etc. Il a pu de même faire pratiquer par la justice militaire toutes saisies et poursuites, et lui livrer, pour être punis par elle, *selon les lois existantes,* soit les auteurs présumés des délits de presse, soit ceux qui publieraient des journaux ou écrits périodiques, sans avoir préalablement satisfait au cautionnement ou aux autres conditions légales non encore abrogées.

Au delà, c'est l'arbitraire ou la dictature, qui, encore une fois, n'est ni dans l'esprit ni dans les termes du décret du 24 juin, ou des lois antérieures sur l'état de siége.

Et en admettant qu'on ait pu se faire illusion dans le premier moment et au milieu de si graves préoccupations, il n'est pas possible que la réflexion et l'examen ne fassent pas révoquer sans délai, à l'égard du journal *la Presse,* une mesure dont l'illégalité, en se prolongeant, s'aggraverait chaque jour davantage.

Paris, 12 juillet 1848.

A. PAILLET,
Ancien bâtonnier.

L'ancien avocat soussigné adhère entièrement à la consultation qui précède.

L'état de siége, quelquefois nécessaire à la sûreté publique, soit au milieu des troubles civils, soit pendant les dangers d'une guerre ordinaire, l'état de siége n'est pas une situation indéterminée, privée de règles et de principes. C'est un état heureusement peu connu dans la pratique, mais parfaitement réglé par la loi. Il a pour effet de concentrer dans la main de l'autorité militaire les pouvoirs qui, dans l'état ordinaire des choses, appartiennent à l'autorité civile. Il assure ainsi l'unité dans le commandement. Il produit en même temps ce grand résultat de déplacer les juridictions et d'étendre à ceux qui n'y seraient pas naturellement soumis la compétence des conseils de guerre.

Voilà la limite des sacrifices que l'état de la cité, le péril de la situation imposent aux citoyens. Il n'est permis à personne d'aller au delà et de substituer le régime de l'arbitraire au régime exceptionnel défini par la loi.

CHAIX D'EST-ANGE,
Ancien bâtonnier.

Le soussigné, avocat à la Cour d'appel de Paris, après avoir pris connaissance de l'avis délibéré par Mᵉ Labot, avocat à la Cour de cassation, estime ce qui suit :

En droit, les principes posés par la consultation sont incontestables.

La mise en état de siége n'a pas d'autre effet que de renverser les rôles de l'autorité civile et de l'autorité militaire. Au lieu d'obéir comme en temps de paix, l'autorité militaire commande en état de siége.

Les pouvoirs *ordinaires* des autorités civile et judiciaire sont *concentrés* dans la main de l'autorité militaire.

Mais aucun pouvoir *extraordinaire* n'est attribué à l'autorité militaire, si ce n'est la disposition immédiate des propriétés pour la défense militaire de la place investie.

En droit donc, en droit strict, le commandant d'armes n'a pas le pouvoir de porter atteinte aux propriétés qui ne gênent pas matériellement la défense, non plus qu'aux libertés des citoyens. La suppression des journaux qui, même en dehors de tout cautionnement ou de toute formalité, constituent à la fois une propriété et un instrument pour l'exercice du libre droit de parler et d'écrire, cette suppression n'est pas autorisée par la législation sur l'état de siége.

Mais, en fait, la confusion des pouvoirs dans une seule main rend impossible la revendication d'aucun droit de la part des citoyens.

A quelle autorité civile pourraient-ils demander protection? Devant quelle juridiction pourraient-ils porter leur plainte? Quelle voie leur serait ouverte pour introduire leur action? L'autorité des officiers civils et celle des magistrats sont attribuées au chef militaire. On ne pourrait donc qu'en appeler à César des actes de César lui-même.

Dans une pareille situation l'intervention des avocats, qui n'ont d'autre fonction, d'autre devoir et d'autre droit que de concourir par leur ministère, dans l'intérêt des parties, à la bonne distribution de la Justice, serait sans objet et sans efficacité.

Le régime de l'État de Siége est un régime de Force.

On ne discute pas contre la Force. Les avocats, qui sont des hommes de discussion, n'ont donc rien à dire ni rien à faire.

Délibéré à Paris le 12 juillet 1848.

HENRY CELLIEZ,
Avocat à la Cour d'appel.

Le soussigné, avocat à la Cour d'appel de Paris, adhère par les raisons qui s'y trouvent développées, à la consultation de Mᵉ Labot, son confrère. On comprend que, pendant la lutte d'une guerre civile, le pouvoir militaire investi d'une autorité souveraine puise dans la nécessité des règles de conduite qui le mettent au-dessus des lois existantes; encore doit-il toujours, autant qu'il lui est possible, se conformer dans l'exercice de son terrible ministère aux principes éternels de l'humanité. Il n'est pas moins incontestable qu'il doit être prêt à répondre, devant le souverain, de l'usage qu'il a fait de cette dictature de salut public. Le combat fini, les lois reprennent leur empire, et nul, quelles que soient la pureté, la grandeur de ses intentions, ne peut les violer. Soutenir la thèse contraire au nom des besoins de l'ordre, c'est préparer l'anarchie. Or, il est parfaitement démontré par la citation des textes recueillis par Mᵉ Labot que la mise en état de siége ne produit que deux conséquences : 1⁰ elle investit l'autorité militaire de tous les pouvoirs de police qui, en règle ordinaire, appartiennent aux magistrats civils; 2⁰ elle crée une juridiction exceptionnelle expéditive, sévère, avec laquelle la répression doit toujours être efficace. Ces modifications profondes au droit commun ne sauraient être arbitrairement étendues, autrement il n'y aurait plus de limites et la vie comme la fortune des citoyens demeureraient sans garantie. C'est assez dire que la liberté de la presse, régie par un corps de lois spéciales, ne peut être assimilée à ces libertés générales et banales qui peuvent se restreindre par une ordonnance de police. L'état de siége donne le droit de traduire les écrivains devant un conseil de guerre, il permet aussi de les faire incarcérer, bien entendu à la condition de les interroger et de les juger. Cette faculté est assez exorbitante pour que l'autorité n'ait aucune crainte et se défende convenablement. Mais là n'est pas la question. Le conseil soussigné n'a pas à apprécier les faits ci-dessus au point de vue politique. S'il devait le faire, ce serait pour rendre pleine justice aux intentions de ceux auxquels la France a remis le pouvoir dans ces jours difficiles. Mis en demeure de s'expliquer comme jurisconsulte, il doit à ceux qui lui font l'honneur de recourir à lui le tribut de sa conscience, et dans sa conviction la suppression du journal *la Presse* ne peut trouver sa justification dans aucune loi.

Délibéré à Paris ce 13 juillet 1848.

JULES FAVRE.

———

Sur l'usage ou l'abus qui peut avoir été fait des droits et attributions déférés au Pouvoir exécutif par le décret de l'Assemblée nationale qui établit l'état de siége, le soussigné ne peut que réserver le jugement qu'il aura à porter comme Représentant du peuple. Mais il peut, dès à présent, comme jurisconsulte, se prononcer sur la nature et la portée de la mesure dont le journal *la Presse* a été l'objet. Cette mesure, quelque qualification qui lui ait été donnée, ne peut dans aucun cas être qu'une mesure temporaire, comme le pouvoir qui l'a prise, et comme l'état exceptionnel dont elle dérive.

ODILON BARROT.

———

J'adhère à la consultation de Me Labot.

Plein de confiance dans les hautes lumières de M. le président du conseil des ministres, chef du Pouvoir exécutif, et dans son respect pour les lois de la République, je ne puis croire que la mesure *extra-légale* dont le journal *la Presse* a été l'objet ne soit très-promptement rapportée.

Il résulte de l'ensemble de la législation de la presse, qu'un journal qui paraît, après avoir rempli toutes les conditions imposées par les lois, constitue une propriété inviolable et sacrée, *en tout temps*, et qu'aucune autorité ne peut, sous peine de violer manifestement la loi constitutionnelle du pays, supprimer un journal, ou seulement en suspendre la publication.

Les textes relatifs à l'état de siége, le décret de l'Assemblée nationale du 24 juin 1848, contiennent-ils une dérogation, soit formelle, soit tacite, à ces grands principes, dont l'empire ne peut être méconnu un instant, sans que la liberté de la presse cesse en même temps d'exister ?

Évidemment non !

Peut-on d'un autre côté admettre que, dans le silence de la loi et des décrets de l'Assemblée nationale, le salut du pays, qui est la suprême loi, exige le maintien d'une mesure aussi exorbitante que l'est la suppression d'un ou de plusieurs journaux ?

Évidemment non !

Les lois de la presse ont armé le pouvoir de dispositions redoutables à l'aide desquelles il peut réprimer et punir les attentats, crimes ou délits qui seraient commis par la voie de la presse.

Les décrets constitutifs de l'état de siége autorisent le chef du gouvernement à remplacer les tribunaux ordinaires par les tribunaux militaires.

Ainsi pénalités sévères, juridiction rigoureuse, sommaire, expéditive et presque souveraine !

Comment admettre que lorsque la loi elle-même, dans les grandes crises politiques, remet aux mains de l'autorité d'aussi énergiques instruments, on puisse se croire en droit de recourir à des mesures réprouvées même par la loi des monarchies, à plus forte raison par la loi républicaine !

Même dans les extrêmes périls de la République, là où la loi suffit, à quoi bon ce qui peut ressembler à des coups d'État !

Délibéré à Paris, 13 juillet 1848.

AL. PLOCQUE,
Avocat à la Cour d'appel.

J'adhère entièrement aux consultations qui précèdent.

Sans doute il est un principe qui domine tous les autres : celui du salut public. Or, tant que la lutte matérielle a duré, le chef du pouvoir exécutif a pu prendre, sous sa responsabilité, toutes les mesures qui lui semblaient propres à la terminer.

Mais, l'insurrection vaincue, le droit reprenait toute sa force et il fallait le respecter.

L'effet de l'état de siége n'a pas dû suspendre l'exécution des lois ; mais seulement donner plus d'unité et d'action à la force publique et revêtir le chef militaire de tous les pouvoirs dont étaient investis les magistrats civils. Le chef militaire ne doit exercer que les pouvoirs légaux, et au nombre de ces pouvoirs ne se trouve en aucune façon celui de suspendre un journal quel qu'il soit.

14 juillet 1848.

TH. BAC,
Avocat à la Cour d'appel.

Je déclare adhérer complétement aux principes consignés dans la présente consultation.

Paris, ce 13 juillet 1848.

V. CHAUFFOUR,
Représentant du Peuple, ancien professeur
suppléant à la Faculté de droit de Strasbourg.

J'adhère aux motifs de droit développés dans les Consultations qui précèdent. L'état de siége est un état exceptionnel; mais il a dans la législation ses règles et ses limites. Il concentre dans les mains de l'autorité militaire tous les pouvoirs existants et par conséquent tous les pouvoirs légaux, rien de plus. L'Assemblée nationale n'a pu entendre autre chose en déclarant, par son décret du 24 juin, que tous les pouvoirs exécutifs étaient *délégués* à M. le général Cavaignac : elle ne lui en a pas conféré de nouveaux. Or, y avait-il en France, au moment de la mise en état de siége, une autorité ou même une juridiction qui tînt de la loi le droit de supprimer un journal? La négative est parfaitement établie dans la Consultation de M. Labot, et le doute ne nous paraît pas possible.

AD. LACAN,
Avocat à la Cour d'appel, docteur en droit.

L'avocat soussigné,

Après avoir pris connaissance de la consultation délibérée par Me Labot, avocat au conseil d'État et à la Cour de cassation, *pour les propriétaires du journal* LA PRESSE,

Délibérant sur les conséquences légales d'un arrêté du chef du pouvoir exécutif, ainsi conçu :

« En vertu du décret de l'Assemblée nationale qui met la ville de Paris en état de siége :

» Le préfet de police et tout agent de la force publique, sur le vu du présent arrêté, fera arrêter le citoyen Émile de Girardin et supprimer le journal *la Presse*.

» Le préfet de police fera immédiatement saisir toutes les feuilles publiques qui, par leurs publications hostiles, prolongent la lutte qui ensanglante Paris et compromettent le salut de la République.

» Paris, le 25 juin 1848.   « E. CAVAIGNAC. »

Est d'avis des résolutions suivantes :

L'Assemblée nationale a rendu le 24 juin un décret portant : « Art. 2. Paris est mis en état de siége. — Art. 3. Tous les pouvoirs exécutifs sont délégués au général Cavaignac. »

Il est difficile de déterminer, dans l'état présent de notre législation, les effets légaux de la mise en état de siége. L'application de l'*état de siége* aux villes de l'intérieur autres que les places de guerre et postes militaires a été introduite dans nos codes par les lois des 10 et 19 fructidor an v. A cette époque de violence politique, les auteurs de ces lois ne s'occupèrent point de coordonner le système qu'ils adoptaient avec les principes de liberté publique, la liberté individuelle et les droits de la propriété. Les deux lois de l'an v ont été reproduites et développées par le décret impérial du 24 décembre 1811. En ce temps toute garantie constitutionnelle avait cessé d'exister. On chercherait donc inutilement dans ce décret la limite légale des effets de l'*état de siége*.

Les seules dispositions importantes qu'il renferme sont contenues dans les articles 53, 101 et 103.

« Art. 53. L'état de siége est déterminé par un décret de l'Empereur... ou par une sédition intérieure, ou enfin par des rassemblements formés dans le rayon d'investissement sans l'autorisation des magistrats. »

« Art. 101. Dans les places en état de siége, l'autorité dont les magistrats étaient revêtus pour le maintien de l'ordre et de la police, passe tout entière au commandant d'armes, qui l'exerce ou leur en délègue telle partie qu'il juge convenable. »

« Art. 103. Pour tous les délits dont le gouverneur ou le commandant n'a pas jugé à propos de laisser la connaissance aux tribunaux ordinaires, les fonctions d'officier de police judiciaire sont remplies par un prévôt militaire, choisi, autant que possible, parmi les officiers de gendarmerie ; et les tribunaux ordinaires sont remplacés par les tribunaux militaires. »

L'effet direct et spécial de ces dispositions légales est d'abord de transmettre au chef militaire toute l'autorité dont les magistrats ordinaires sont investis, puis d'attribuer aux tribunaux militaires toute la juridiction des tribunaux ordinaires.

Ces lois, depuis leur promulgation, n'ont reçu aucune modification.

Cependant l'article 62 de la Charte de 1814 ayant consacré le principe que *nul ne peut être distrait de ses juges naturels,* et l'article 63 de la même Charte ayant déclaré qu'*il ne pourrait en conséquence être créé de commissions et tribunaux extraordinaires,* enfin ces dispositions ayant été reproduites par la Charte de 1830, il est évident que, sous l'empire de ces deux actes constitutionnels, il était dérogé par la loi fondamentale à l'article 103 du décret impérial de 1811, et les simples particuliers, les citoyens étrangers à l'État militaire devaient, même sous l'état de siége, n'être justiciables que des tribunaux de droit commun.

Mais aujourd'hui ces Chartes ayant été annulées, le décret impérial garde son autorité, et il faut reconnaître que, par suite de la mise en état de siége, les pouvoirs des fonctionnaires civils sont subordonnés à l'autorité supérieure du pouvoir militaire, et que les tribunaux militaires remplacent, pour toutes personnes, les tribunaux ordinaires.

La législation sur l'état de siége conserve donc son application. Mais, au delà de cette substitution de la juridiction militaire, les lois de l'an v et le décret de 1811 n'ont introduit expressément aucune modification aux droits des citoyens et aux dispositions des lois. Rien, dans cette législation exceptionnelle, ne déroge aux règles établies pour la liberté individuelle, pour l'exercice des droits, pour la garantie de la propriété privée.

Ces règles du droit commun doivent être respectées et pratiquées par les autorités militaires et par les tribunaux militaires substitués aux pouvoirs civils et aux tribunaux ordinaires.

A l'égard des particuliers, la seule altération du droit commun, qui résulte de l'état de siége, est donc d'être soumis aux formes de procéder des Conseils de guerre.

Quant aux propriétés privées, le droit de leurs possesseurs n'est point altéré, et aucun changement n'est apporté aux lois qui les régissent.

Ainsi un journal peut être l'objet de saisies ordonnées par le chef militaire, mais aucune loi n'a introduit, même dans le régime d'état de siége, la faculté de le supprimer. La suppression n'est écrite nulle part dans nos lois. La suspension ne peut avoir lieu que dans le cas de récidive, aux termes de l'article 15 de la loi du 18 juillet 1828. Encore une fois la déclaration de mise en état de siége d'une ville de l'intérieur de la France, déplace les pouvoirs publics, altère l'ordre des juridictions et modifie les règles de compétence ; mais elle n'autorise pas à introduire des pénalités qui ne sont écrites dans aucune loi. L'état de siége n'impose aux citoyens que le sacrifice des formes protectrices de leurs droits.

Délibéré à Paris ce 14 juillet 1848.

BERRYER.

L'ancien avocat à la Cour d'appel, soussigné, est d'avis, en point de droit, que l'*état de siége* par lui-même, ne crée point la *dictature*.

Qu'en déléguant *tous les pouvoirs exécutifs*, le décret du 24 juin dernier a concentré ces mêmes pouvoirs sans en changer la nature.

Que le chef du pouvoir exécutif n'a point eu le droit de *supprimer* un journal légalement établi, et que dès lors la suppression par lui prononcée le 25 juin ne peut être comprise que dans le sens d'une *suspension*.

Ces différentes propositions semblent tellement évidentes qu'on ne croit pas devoir les discuter ici en reproduisant les textes cités dans le Mémoire à consulter. Il est bien certain, en effet, que le chef du pouvoir exécutif n'avait pas, en cette qualité, le droit de *supprimer* les journaux; qu'il n'avait pas même le droit de les *suspendre*, puisque la suspension doit être judiciairement prononcée. C'est donc uniquement comme chef militaire que le général Cavaignac aurait pu, en vertu des pouvoirs extraordinaires dont il était investi pendant le combat, avoir le droit de *suspendre* un journal, et c'est sous ce rapport seulement que le doute peut se concevoir.

D'après le décret du 24 décembre 1811 (art. 104), le chef militaire « détermine dans » l'*état de siége* le service des troupes, de la garde nationale et celui de toutes les autorités » civiles et militaires, *sans autres règles que ses instructions secrètes, les mouve-* » *ments de l'ennemi et les travaux des assiégeants.* » C'est bien là un pouvoir absolu, une véritable dictature, mais elle n'existe que pour le service des troupes ou des autorités; il n'y a rien de commun entre ce service et la destruction d'une propriété, ou, ce qui revient au même, la suppression d'un journal. Toutefois l'article 95 du même décret, applicable à l'état de guerre, et par conséquent à l'état de siége, permet de « *dé-* » *truire* tout ce qui peut, dans l'intérieur de la place, gêner la circulation de l'artillerie » et des troupes. » On peut donc démolir une maison, détruire une propriété?

Oui, sans doute, dans le moment du combat ou du danger, rien ne doit gêner les mouvements de l'artillerie et des troupes; en d'autres termes, il n'y a plus d'autre loi que celle de la nécessité, *salus populi suprema lex esto ;* et quoique le décret ne parle que des obstacles matériels gênant la circulation ; il faut admettre, sans difficulté, que le chef militaire peut et doit tout faire pour écarter les obstacles moraux, s'il en existe. Il pourrait donc empêcher la publication d'un journal; mais il ne résulte pas de là qu'il puisse le *dé-truire* ou le *supprimer*.

Que l'on détruise une maison ou tout autre obstacle matériel, cela se conçoit, parce que l'obstacle matériel subsiste tant qu'il n'est pas complétement détruit. Lorsqu'une maison empêche la circulation de l'artillerie, il faut absolument qu'elle soit rasée; il en est autrement d'un journal. Il n'y a jamais nécessité de le supprimer; il suffit d'en suspendre la publication pour faire cesser l'obstacle moral qui peut en résulter. Le pouvoir extraordinaire du chef militaire, n'ayant d'autre base et d'autres limites que celles de la nécessité, s'arrête dès que la nécessité n'existe plus. Voilà pourquoi la *suppression* qu'il a prononcée doit s'entendre dans le sens d'une *suspension*.

Reste maintenant à examiner quelle durée cette suspension doit avoir.

Il faut remarquer à cet égard qu'elle a été prononcée par le chef militaire, sans jugement, en vertu des pouvoirs extraordinaires dont il était investi pendant le combat, et qu'il a déposés spontanément quatre jours après les avoir reçus. C'est donc pendant ces quatre jours seulement que la suspension a pu être nécessaire. Elle ne peut exister au delà qu'en vertu d'un jugement. Il est vrai que l'état de siége subsiste, non de fait, mais de droit. Tout ce qui en résulte c'est que *les tribunaux ordinaires sont remplacés par les tribunaux militaires*. Si la compétence change, la distinction entre le pouvoir exécutif et le pouvoir judiciaire subsiste. Rien ne saurait empêcher les délinquants d'être entendus et jugés contradictoirement. Rien ne saurait autoriser le pouvoir exécutif à juger lui-même et à statuer sans avoir entendu les parties intéressées et sans donner aucun motif. On ne peut pas admettre qu'une suspension ainsi prononcée se prolonge indéfiniment et qu'en se prolongeant elle produise l'effet d'une suppression proprement dite.

Délibéré à Paris le 15 juillet 1848.

DU CAURROY.

J'adhère aux principes posés dans la Consultation de M⁰ Labot et dans les adhésions données par MM⁰ˢ Paillet et Chaix d'Est-Ange.

15 juillet 1848.

L. VALETTE.

www.ingramcontent.com/pod-product-compliance
Lightning Source LLC
Chambersburg PA
CBHW051354050726
47595CB00006B/2558